Gästebuch zur Feier von:

Von:

-Gästebuch-

Von:

-Gästebuch-

Von:

-Gästebuch-

Von:

-Gästebuch-

Von:

-Gästebuch-

Von:

-Gästebuch-

Von:

-Gästebuch-

Von:

-Gästebuch-

Von:

-Gästebuch-

Von:

-Gästebuch-

Von:

-Gästebuch-

Von:

-Gästebuch-

Von:

-Gästebuch-

Von:

-Gästebuch-

Von:

-Gästebuch-

Von:

-Gästebuch-

Von:

-Gästebuch-

Von:

-Gästebuch-

Von:

-Gästebuch-

Von:

-Gästebuch-

Von:

-Gästebuch-

Von:

-Gästebuch-

Von:

-Gästebuch-

Von:

-Gästebuch-

Von:

-Gästebuch-

Von:

-Gästebuch-

Von:

-Gästebuch-

Von:

-Gästebuch-

Von:

-Gästebuch-

Von:

-Gästebuch-

Von:

-Gästebuch-

Von:

-Gästebuch-

Von:

-Gästebuch-

Von:

-Gästebuch-

Von:

-*Gästebuch*-

Von:

-Gästebuch-

Von:

-Gästebuch-

Von:

-Gästebuch-

Von:

-Gästebuch-

Von:

-Gästebuch-

Von:

-Gästebuch-

Von:

-Gästebuch-

Von:

-Gästebuch-

Von:

-Gästebuch-

Von:

-*Gästebuch*-

Von:

-Gästebuch-

Von:

-Gästebuch-

Von:

-Gästebuch-

Von:

-Gästebuch-

Von:

-Gästebuch-

Von:

-Gästebuch-

Von:

-Gästebuch-

Von:

-Gästebuch-

Von:

-Gästebuch-

Von:

-Gästebuch-

Von:

-Gästebuch-

Von:

-Gästebuch-

Von:

-Gästebuch-

Von:

-Gästebuch-

Von:

-Gästebuch-

Von:

-Gästebuch-

Von:

-Gästebuch-

Von:

-Gästebuch-

Von:

-Gästebuch-

Von:

-Gästebuch-

Von:

-Gästebuch-

Von:

-Gästebuch-

Von:

-Gästebuch-

Von:

-Gästebuch-

Von:

-Gästebuch-

Von:

-Gästebuch-

Von:

-Gästebuch-

Von:

-Gästebuch-

Von:

-Gästebuch-

Von:

-Gästebuch-

Von:

-Gästebuch-

Von:

-Gästebuch-

Von:

-Gästebuch-

Von:

-Gästebuch-

Von:

-Gästebuch-

Von:

-Gästebuch-

Von:

-Gästebuch-

Von:

-Gästebuch-

Von:

-Gästebuch-

Von:

-Gästebuch-

Von:

-Gästebuch-

Von:

-Gästebuch-

Von:

-Gästebuch-

Von:

-Gästebuch-

Von:

-Gästebuch-

Von:

-Gästebuch-

Von:

-Gästebuch-

Von:

-Gästebuch-

Von:

-Gästebuch-

Von:

- *Gästebuch* -

Von:

-Gästebuch-

Von:

-Gästebuch-

Von:

-Gästebuch-

Von:

-Gästebuch-

Von:

-Gästebuch-

Von:

-Gästebuch-

Von:

-Gästebuch-

Von:

-Gästebuch-

Von:

-Gästebuch-

Von:

-Gästebuch-

Von:

-Gästebuch-

Von:

-Gästebuch-

Von:

-Gästebuch-

© 2019 Marcel Drenkwitz
1.Auflage
Alle Rechte vorbehalten.
Veröffentlicht von: Marcel Drenkwitz
Independently published
Kontakt: Marcel Drenkwitz, Okerstraße 40b, 38527 Meine
E-Mail: tengel-holding@web.de
Covergestaltung: Marcel Drenkwitz
Bilder: Depositphotos